El credo del soldado

Soy soldado estadounidense.

Soy guerrero y miembro de un equipo.

Presto servicio al pueblo de los Estados Unidos y vivo conforme a los valores del Ejército.

Pondré siempre la misión ante todo.

Nunca aceptaré la derrota.

Nunca me daré por vencido.

Nunca dejaré a un compañero caído.

Soy disciplinado y fuerte física y mentalmente, estoy entrenado y domino las tareas y los ejercicios de guerra.

Siempre mantengo en buen estado mis armas, mi equipo y mi persona.

Soy un experto y un profesional.

Estoy listo para el despliegue, para atacar y destruir en combate cercano a los enemigos de los Estados Unidos de América.

Soy guardián de la libertad y del estilo de vida estadounidense.

Soy soldado estadounidense.

Other books in the **When I Grow Up I Want To Be...**
children's book series by Wigu Publishing:

When I Grow Up I Want To Be...in the U.S. Army!
When I Grow Up I Want To Be...a Teacher!
When I Grow Up I Want To Be...a Firefighter!
When I Grow Up I Want To Be...in the U.S. Navy!
When I Grow Up I Want To Be...a Veterinarian!
When I Grow Up I Want To Be...a Nurse!

Cuando crezca quiero ser...¡veterinaria!

Look for these titles in the **When I Grow Up I Want To Be...**
children's book series soon:

When I Grow Up I Want To Be...a Good Person!
When I Grow Up I Want To Be...a World Traveler!
When I Grow Up I Want To Be...a Race Car Driver!
When I Grow Up I Want To Be...a Police Officer!
When I Grow Up I Want To Be... Green!
When I Grow Up I Want To Be...a Rock Star!
When I Grow Up I Want To Be...in the U.S. Air Force!

Please visit www.whenigrowupbooks.com for more information.
Please like us at www.facebook.com/whenigrowupbooksbywigu.

Cuando Crezca Quiero Ser...®

¡soldado del Ejército de EE.UU.!

Jaime se informa sobre el Ejército de EE.UU.

Wigu

Wigu Publishing | Sun Valley, ID

Library of Congress Control Number: 2015901384

ISBN 978-1-939973-03-0

When I Grow Up I Want To Be... is a registered trademark of Wigu Publishing, LLC. The word Wigu and the Wigu logo are registered trademarks of Wigu Publishing, LLC. The words When I Grow Up... and Cuando Crezca Quiero Ser... are trademarks and/or registered trademarks of Wigu Publishing, LLC.

Wigu Publishing is a collaboration among talented and creative individuals working together to publish informative and fun books for our children. Our titles serve to introduce children to the people in their communities who serve others through their vocations. Wigu's books are unique in that they help our children to visualize the abundant opportunities that exist for them to be successful and to make a difference. Our goal is to inspire the great leaders and thinkers of tomorrow.

First edition, paperback, 2015

10 9 8 7 6 5 4 3 2 1

Quantity sales: Special discounts are available on quantity purchases by corporations, associations, promotional organizations, and others. For details, please contact the publisher at

Wigu Publishing

P.O. Box 1800

Sun Valley, ID 83353

inquiries@wigupublishing.com

Please visit our website at www.whenigrowupbooks.com for more information.

El editor agradece sinceramente la ayuda del Departamento de Defensa de los Estados Unidos y el Ejército de EE.UU., sin la cual este libro no habría sido posible.

Queremos agradecer también la valiosa orientación y colaboración de los miembros de la comunidad militar, tanto activos como jubilados, en la creación de este libro.

Por favor, apoye a nuestros guerreros heridos.

Visite www.woundedwarriorproject.org para saber cómo puede ayudar a nuestros héroes.

Para obtener más información sobre el Ejército de EE.UU., visite www.goarmy.com.

Este es el cuento de un
niño que se llama Jaime.
Jaime tiene un proyecto
escolar: "¿Qué quieres
ser cuando seas grande?"
Jaime opta por ser
soldado del Ejército de
EE.UU. A continuación,
se cuenta cómo aprendió
sobre el tema.

La maestra de Jaime, la Srta. Brooks, se paró ante todos los estudiantes de la clase y dijo, "Les tengo una pregunta, una que quizás quieran preguntarse a sí mismos. ¿Qué quieren ser cuando sean grandes?"

Casi todos los niños en el aula levantaron la mano al mismo tiempo.

Todos menos Jaime.

Dakota levantó la mano y dijo, "¡Quiero ser una estrella de rock!"

Tomás levantó rápido la mano y dijo, "¡Quiero estar en la Marina de los Estados Unidos!"

Jaime no pudo pensar en una respuesta porque quería ser muchas cosas.

La Srta. Brooks alzó la mano para detener a la clase. "Por favor, no me lo digan ahora. Esto es lo que vamos a hacer. Cada uno de ustedes me lo dirá a través de nuestro próximo proyecto de la clase. Pueden escribir sobre su elección de carrera. Pueden crear un cartel. Pueden incluso disfrazarse de lo que quieran ser o traer algo relacionado con su elección a la clase y hablar de ello."

Jaime tenía la mente desordenada. Había un montón de cosas que quería ser cuando fuera grande: un piloto de carreras, el presidente, un bombero, un científico, un agente secreto, un soldado, un veterinario o quizás ¡hasta una estrella de rock!

Es casi como disfrazarme para el Halloween, pensó Jaime. *Pero sin dulces.*

Jaime miró a su amiga Hannah. Ella tampoco tenía levantada la mano. "¿No sabes qué quieres ser?"

Hannah sonrió y dijo, "Por supuesto que sé, pero todavía no voy a decírselo a nadie."

Jaime se preguntó, *¿Por qué todos saben menos yo?*

Sonó el timbre. Era hora de regresar a casa. Jaime pensó, *Apuesto que Hannah no sabe en realidad. Solo está fingiendo.*

Jaime se subió en el autobús escolar para regresar a casa. Pensaba en todas las cosas que quería ser cuando fuera grande.

Cuando su papá llegó del trabajo, Jaime le contó lo del proyecto escolar. "No sé qué carrera escoger", dijo Jaime.

"Nomás escoge una que te guste", dijo papá.

Esto no me es de mucha ayuda, pensó Jaime. *Me gustan todas.*

Como si papá pudiera leerle la mente, sugirió, "¿Qué te parece si acortamos la lista? ¿Qué tal un bombero? ¿O un policía? ¿Qué tal un soldado? Ya sabes que estuve en el Ejército."

Jaime lo sabía. Muchas veces lo había oído contar la historia.

"Tal vez un soldado", dijo Jaime. "Tal vez quisiera ser soldado."

"Bueno", dijo papá con una sonrisa, "tampoco tienes que unirte al Ejército mañana mismo."

"Lo sé", dijo Jaime. "Hice un cartel para mi último proyecto. Tal vez para este proyecto, pudiera disfrazarme de soldado del Ejército y hablar de ello. Pero necesito un uniforme realmente genial."

"Tengo una idea", dijo papá. "Ya que mañana es sábado, ¿por qué no vamos a la tienda de ejército? Tienen toda clase de equipos, uniformes, insignias y medallas militares. Ahí podremos encontrar algo para ti."

"¡Genial!" dijo Jaime.

El siguiente día, Jaime y su papá viajaron al centro a una tienda cuyo letrero decía: "GI Surplus."

"Ya llegamos", dijo papá al detenerse frente al edificio.

"¡Papá, mira todas las cosas militares en la ventana!" exclamó Jaime. "Esto es genial. Ni siquiera sabía que había tiendas como esta. ¡Apuesto que soy el único de mi escuela que lo sabe!"

Papá dijo, "Sabes lo que significa GI?"

"¿Es una figura de acción, como GI Joe?" respondió Jaime.

"Buen intento", dijo papá con una risita. "GI son las siglas en inglés de 'government issue', o sea entregado por el gobierno."

Qué lástima, pensó Jaime. *¡Me pregunto si puedo llevarme una figura de acción de todos modos!*

Las letras "GI" representan "government issue", o sea entregado por el gobierno. Los soldados del Ejército de EE.UU. se llaman GI porque todo lo que traen y llevan puesto es entregado o regalado por el gobierno estadounidense.

Un "GI" del Ejército de EE.UU. equipado y listo para la acción

Mientras Jaime y su papá entraban en la tienda, Jaime señalo un maniquí en exhibición. "¡Está vestido de George Washington!"

"Es porque lleva puesto el uniforme que usaban los soldados de Washington en el Ejército Continental", dijo papá.

La historia del Ejército de los Estados Unidos se remonta al año 1775 y la formación del Ejército Continental. Bajo el liderazgo del General George Washington, estos primeros patriotas nos ayudaron a ganar nuestra independencia de Gran Bretaña en la Guerra de la Independencia. Sin estos hombres valientes, no existirían los Estados Unidos. El soldado de hoy es igual de patriota e importante para nuestra nación.

"No hay nada que tenga más probabilidades de provocar la paz que estar bien preparado para hacer frente al enemigo."

—George Washington
Comandante del Ejército Continental
Primer Presidente de los Estados Unidos

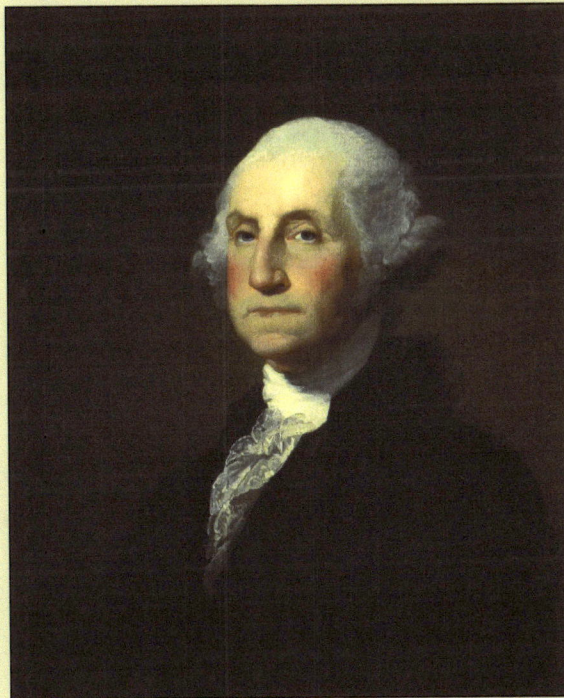

"Voy a necesitar un uniforme militar, como una chamarra y pantalones", dijo Jaime. "¿Qué tal estos?"

"Es un buen comienzo", dijo papá. "Ese es un uniforme de Clase A."

Jaime sonrió. "¡Tal vez me ayude a sacar una 'A' en mi proyecto!"

"Tal vez", dijo papá.

"¡Mira todos los distintivos e insignias!" dijo Jaime.

"Esos muestran el rango", respondió papá. "El rango les muestra a los soldados quién da órdenes a quién."

"¡Se verán geniales en mi uniforme! ¿Puedo llevarme algunos, por favor?"

"Por eso estamos aquí", dijo papá.

"¿Cuántos puedo tener?" preguntó Jaime. "¿Cuáles debería elegir?"

Su papá sonrió. "Las insignias con barras, hojas y águilas son para los oficiales. Las estrellas son para los generales. Fui sargento, así que tenía tres rayas."

Jaime sabía que su papá había sido sargento del Ejército. Lo había oído contar todo sobre sus aventuras militares. A veces, cuando papá relataba una de sus historias, sacaba sus viejas fotos del Ejército y su insignia de sargento.

A Jaime le gustaba oír las historias de su papá una y otra vez porque nunca fueron precisamente iguales.

General de Cuatro Estrellas Norman Schwarzkopf

Cada soldado es esencial para que el Ejército pueda defender nuestro país, nuestras libertades y nuestra forma de vivir.

El Ejército de EE.UU. cuenta con suboficiales y oficiales.

Los suboficiales son conocidos por su sentido del deber y los sacrificios que hacen por nuestro país. Los suboficiales están capacitados para realizar funciones diferentes, dependiendo de sus habilidades y las necesidades del Ejército. El rango del suboficial va del soldado raso al sargento mayor del Ejército.

Los oficiales son los administradores y estrategas del Ejército. Lideran a los suboficiales. Para ser oficial, uno debe haberse graduado en la universidad. El rango del oficial va del subteniente al general del Ejército.

OFFICER

O-1	O-2	O-3	O-4	O-5	O-6	O-7	O-8	O-9	O-10	SPECIAL
Second Lieutenant (2LT)	First Lieutenant (1LT)	Captain (CPT)	Major (MAJ)	Lieutenant Colonel (LTC)	Colonel (COL)	Brigadier General (BG)	Major General (MG)	Lieutenant General (LTG)	General (GEN)	General of the Army (GA)

ENLISTED

E-1	E-2	E-3	E-4	E-5	E-6	E-7	E-8		E-9		Senior Enlisted Advisor
Private E-1 (PV1)	Private E-2 (PV2)	Private First Class (PFC)	Corporal (CPL) / Specialist (SPC)	Sergeant (SGT)	Staff Sergeant (SSG)	Sergeant First Class (SFC)	Master Sergeant (MSG)	First Sergeant (FSG)	Sergeant Major (SGM)	Command Sergeant Major (CSM)	Sergeant Major of the Army (SMA)

Jaime dijo, "Hay un montón de parches diferentes a la venta. ¿Puedo escoger unos cuantos para mi proyecto? ¿Cuántos puedo tener?"

"Los parches muestran la unidad del soldado", dijo papá. "Escojamos uno."

"¿Qué tal dos?" preguntó Jaime.

"Basta con uno", dijo papá.

El Ejército no solo se compone de soldados de combate. Existen muchas funciones distintas. Por ejemplo, uno puede ser piloto de helicóptero, experto en informática u operador de tanques. En el Ejército existen médicos, maestros, enfermeros, mecánicos, dentistas, abogados e incluso policías militares y bomberos.

Independientemente del rango o función, el deber de cada soldado es proteger a nuestro país, nuestros amigos y nuestros aliados.

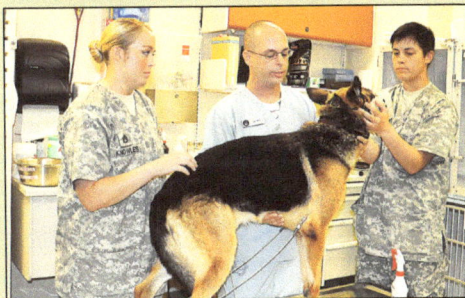

Jaime escogió un parche que tenía dos espadas cruzadas. "¿Qué te parece este?"

Su papá estudió el parche. "Esta es la insignia de la Brigada de Infantería. Son para los soldados de a pie."

"Me gustan las espadas. ¿Por qué unos parches son pardos y otros son de colores?" preguntó Jaime.

"Los de colores oscuros están destinados para el combate. Se funden mejor con el uniforme, como camuflaje. No resaltan."

La Infantería se compone de soldados de a pie. Los soldados de a pie marchan, caminan y luchan en tierra. Son el pilar del Ejército.

"Este es genial", dijo Jaime, agarrando otro parche.

"Ese es para la División Aerotransportada", dijo papá. "Son soldados de la Infantería que llegan por avión o helicóptero al lugar donde se requiere su presencia."

"Pensé que la Infantería solo tenía soldados de a pie", dijo Jaime.

"Al momento de tocar tierra, son soldados de a pie", dijo papá.

Las **tropas aerotransportadas** son importantes en la batalla porque pueden sorprender, sobresaltar y abrumar al enemigo. En las misiones humanitarias, pueden proporcionar ayuda de forma rápida.

Las tropas aerotransportadas llegan a sus misiones de varias maneras. Pueden tirarse en paracaídas desde los aviones en vuelo, bajarse de helicópteros que están flotando o ser dejados por una aeronave que haya aterrizado.

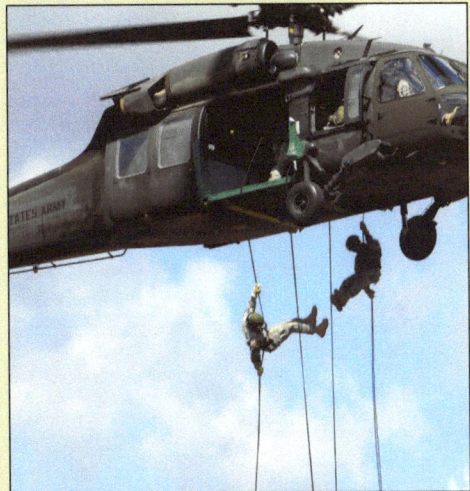

Jaime vio otro parche que le gustó. "¿Para qué es este?"

"Ese es para los soldados de la Artillería de Campaña", dijo papá. "Manejan los cañones, misiles y cohetes."

Artillería se refiere a las armas grandes y pesadas del Ejército. En los principios de una batalla, el Ejército puede bombardear al enemigo con artillería. Este disparo de artillería ayuda a debilitar al enemigo antes de desplegar la Infantería.

Uno de los primeros equipos de artillería fue la catapulta. Las catapultas eran como hondas gigantescas que lanzaban piedras y bolas de fuego al enemigo en el campo de batalla o por encima de los altos muros de los castillos. Las catapultas también lanzaban toda clase de cosas desagradables y asquerosas, como animales muertos ¡e incluso popó!

Hoy en día, el Ejército de EE.UU. defiende nuestro país con nuevas formas de artillería poderosa de alta tecnología, desde cañones pesados hasta cohetes de largo alcance.

"¡Genial!" dijo Jaime. "Quiero uno de los parches de la Artillería, definitivamente. ¿O dos?"

"Está bien uno. No puedes estar en dos unidades al mismo tiempo."

Jaime pensó, *¿Qué importa eso? ¡Solo soy un niño!*

"¿O te gustaría un parche como este? Es para la Brigada Blindada. Son los soldados que andan en tanque", dijo papá.

El cañón del **tanque moderno** lanza proyectiles explosivos mortales para destruir los objetivos lejanos o para perforar los muros cercanos del enemigo. En la parte superior del tanque se encuentra la ametralladora que protege a los soldados que están adentro.

TANQUE M1A2 ABRAMS DEL EJÉRCITO DE EE.UU.

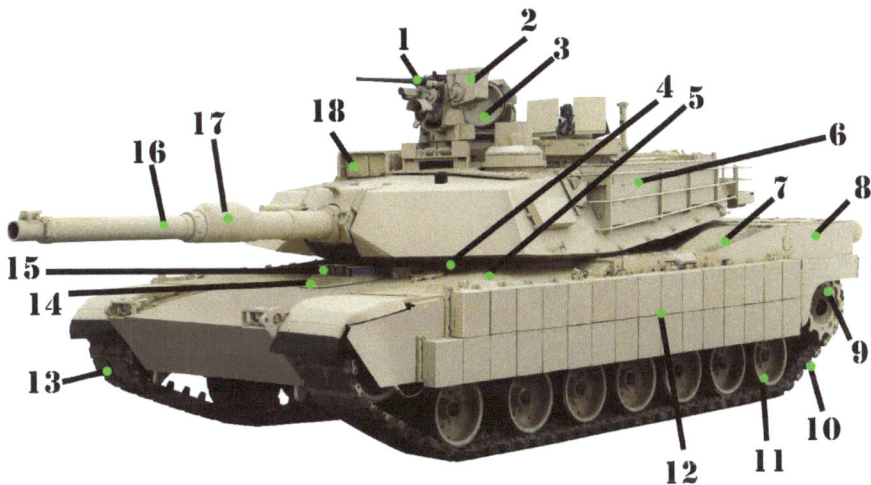

1. Ametralladora del comandante
2. Municiones de la ametralladora
3. Escotilla
4. Anillo de la torreta
5. Casco
6. Torreta
7. Toma de aire del motor
8. Compartimiento del motor
9. Rueda dentada de conducción
10. Cadena
11. Rueda de rodaje
12. Blindaje lateral
13. Oruga
14. Escotilla del conductor
15. Visor del conductor
16. Cañón principal
17. Extractor de humo
18. Periscopio

Lleva el nombre de General Creighton Abrams

"¿Qué es este parche con un caballo?"

"La Caballería de Aire", dijo papá. "Son los soldados que andan en helicóptero."

Jaime estaba confundido. "¿Por qué los caballos?"

"Porque la primera caballería usaba caballos."

La palabra "caballería" se refiere a los caballos.
Originalmente, la Caballería de EE.UU. se lanzaba a la batalla montada a caballo, al igual que lo hacían las caballerías de todo el mundo desde hacía siglos. Algunos países utilizaban camellos e incluso elefantes. Hoy en día, la Caballería de EE.UU. se llama la Caballería de Aire porque los soldados vuelan en aeronaves en vez de montarse a caballo. El caballo en su parche rinde homenaje a su historia. La Caballería de Aire es una de las unidades más galardonadas del Ejército.

Todavía existen caballos en el Ejército, pero se utilizan principalmente para los desfiles y las ceremonias.

"¿Qué tal estos galones?" preguntó Jaime.

"Son galones y medallas de servicio. Se dan por cada acción, período de servicio y servicio de guerra, además de los actos de gran valentía", dijo papá.

Mientras sirven a nuestra nación, los soldados pueden ser desplegados en casi cualquier parte del mundo, desde los desiertos del Medio Oriente hasta las selvas profundas y la tundra congelada. Los soldados pueden pasar largos períodos lejos de sus amigos, hogares y familias. Para servir a su país, los soldados hacen muchos sacrificios, a veces hasta la vida.

Por su **dedicación y valentía,** a los soldados se les otorgan galones y medallas de servicio. Algunos, como la Estrella de Plata, son por la valentía. La medalla del Corazón Púrpura significa que el portador fue herido en acción.

El galardón más alto es la Medalla de Honor por actos de valentía más allá del cumplimiento del deber.

"¿A veces los soldados tienen miedo?" preguntó Jaime.

"Por supuesto", dijo papá. "Creo que en algún momento u otro, todo soldado tiene miedo. Muchas veces tuve miedo cuando era soldado. Al igual que todos."

"Entonces, ¿cómo se puede ser valiente? ¡No entiendo!"

"Jaime, el simple hecho de tener miedo no significa que no puedes ser valiente."

Jaime asintió con la cabeza. Luego, algunas medallas doradas y plateadas captaron su atención.

"¿Puedo tener una de esas también?" preguntó.

"Claro que sí. Son medallas de puntería por ser buen tirador", dijo papá.

Las armas pequeñas y ligeras (SALW, por sus siglas en inglés) son las herramientas básicas del soldado. En un principio, el hombre prehistórico utilizaba palos y piedras afiladas para luchar y cazar. Con el tiempo, se desarrollaron armas más avanzadas, tales como los cuchillos, lanzas y arcos con flechas. El soldado de hoy utiliza armas modernas de alta tecnología, tales como los fusiles automáticos, lanzagranadas, y cañones antitanques y antiaéreos

Jaime y su papá seguían caminando por la tienda. Los ojos de Jaime se agrandaron cuando espió un chaleco enorme.

"Es un chaleco antibalas. Protege a los soldados", dijo papá.

A medida que se creaban las diferentes armas, los Ejércitos necesitaban inventar nuevas maneras de proteger a sus soldados. Los escudos ofrecían protección contra los garrotes y las flechas. **La armadura** ofrecía alguna protección contra las espadas y las lanzas. Sin embargo, estos métodos no eran muy eficaces contra las armas que empleaban pólvora, tales como los fusiles, granadas y cañones. Además, la armadura era muy pesada e incómoda.

Los **chalecos antibalas y los cascos** están hechos de un material compuesto que es fuerte pero ligero, lo que ayuda a proteger a los soldados contra los peligros de la guerra moderna.

Jaime agarró un casco con una insignia de capitán y lo probó. "¿Puedo tenerlo?"

"¿No preferirías tener un gorro de soldado?"

"¡Pero este casco es genial!" dijo Jaime.

"Está bien, Capitán. Es tuyo", dijo papá.

Luego, Jaime descubrió algo que le parecía espectacular.

"¡Mira esto!" exclamó, sosteniendo una máscara antigás.

"No sé", dijo papá.

"Por favor… te ruego… te suplico", dijo Jaime. "Puede ser mi regalo de cumpleaños."

"Acabas de tener tu cumpleaños", dijo papá.

"Entonces, ¡puede contar para el próximo!"

Su papá se rasgó la cabeza pensativamente. "De verdad es genial. Está bien", asintió.

Luego, Jaime encontró unos binoculares. *Este lugar tiene tantas cosas geniales.* "¡Mira estos!" dijo. "¿Puedo tenerlos también? Me encantan estos binoculares."

Su papá dijo, "No necesitas todo lo que ves. Puedes escoger los binoculares o la máscara, pero no ambos."

Jaime lo pensó y dijo, "Pues, me llevaré la máscara antigás." *Realmente quiero los binoculares también,* pensó. *Pero ¡no puedo creer que voy a tener la máscara antigás!"*

La máscara antigás protege la cara y los ojos del guerrero de contaminantes llevados por el aire, así como de peligros químicos y biológicos.

A veces los Ejércitos emplean gases tóxicos contra el enemigo. Algunos gases se han diseñado para quemar los ojos, mientras que otros causan asfixia. Para bloquear el gas, las máscaras se ajustan apretadamente a la cara. La mayoría incluye un filtro de aire. Uno de los filtros más usados es de carbón. Otras máscaras antigás llevan una manguera conectada a un tanque de aire para ayudar al soldado a respirar de forma segura.

Mientras Jaime y su papá seguían caminando por la tienda, llegaron a un montón de botas. Jaime preguntó, "¿Puedo llevarme unas botas militares? De todos modos, mamá dijo que yo necesitaba nuevos zapatos."

"Parece que siempre necesitas nuevos zapatos", dijo papá. "Supongo que esto significa que estás creciendo. A ver si tienen tu tamaño."

Las botas son un elemento básico para el soldado, por lo que su entrenamiento básico en el campamento militar se llama **"boot camp"** en inglés.

El campamento militar comprende un período de ocho semanas en el que los hombres y las mujeres aprenden a ser soldados. Junto al duro entrenamiento físico, los reclutas aprenden tácticas militares, habilidades de supervivencia, puntería y cómo trabajar en equipo, todo para convertirse en tropas preparadas para el combate.

El entrenamiento militarizado es impartido por los **sargentos instructores.** Son como maestros de escuela muy severos. Su tarea es convertir a los reclutas en soldados.

"¡Mira! Tienen botas para niños también", dijo papá.

"¡Qué bien!" dijo Jaime al seleccionar un par de botas negras. "Me siento mucho más alto en ellas", dijo.

"Bueno, los soldados sí van con la cabeza bien alta", dijo papá sonriendo.

Después de pagarlo todo, Jaime y su papá regresaron a casa. Jaime pasó el resto del sábado y la mayoría del domingo probando su uniforme y ayudando a su mamá a coser los parches y colocar los galones.

Cuando por fin llegó la mañana del lunes, Jaime se vistió de su nuevo uniforme del Ejército, acompañado de sus galones, parches, medallas, insignias, botas y máscara antigás.

"¿Cómo me veo? preguntó Jaime.

"Te ves listo y a la orden, justo como un soldado", dijo papá.

"¡Sí, estoy listo!" dijo Jaime.

"Pero tus compañeros te oirían más claro si no llevaras puesta la máscara antigás, ¿no crees? Mejor solo la sostienes."

"Papá, vas a estar muy orgulloso de mí cuando saque una 'A'", dijo Jaime, quitándose la máscara. "¿Estarás aún más orgulloso de mí si cuando sea grande me convierto en soldado de verdad en el Ejército?"

"Ya estoy orgulloso de ti, hijo. Lo estaré sin importar lo que decidas hacer cuando seas grande", dijo papá.

Jaime ya lo sabía, pero le gustaba oírlo de todos modos.

En la escuela, Jaime esperaba su turno para dar su presentación. Estaba nervioso y emocionado a la vez.

Sus compañeros usaban disfraces y llevaban carteles y bolsas. Hannah estaba sentada en su pupitre con su mochila y un cartel.

"¿Qué escogiste, Hannah?" preguntó Jaime.

"Vas a ver", dijo Hannah. "Qué uniforme genial, Jaime."

Jaime sonrió. "¡Gracias! Lo compramos en la tienda de ejército."

"¿La que se encuentra en la calle 17?" preguntó Hannah.

"Sí", dijo Jaime. Le sorprendió que Hannah conociera la tienda.

Al llegar su turno por fin, Jaime caminó al frente del aula.

En el camino, su amigo Tomás dijo, "¡Qué genial tu máscara antigás!"

Luego, Jaime comenzó, "Hoy voy a hablar del porqué quiero ser soldado del Ejército de los Estados Unidos cuando sea grande."

Jaime les contó a sus compañeros todo lo que había aprendido en la tienda de ejército, desde la Infantería hasta las armas, pasando por la armadura.

"Pero sobre todo", dijo Jaime, "Quiero hablar de los soldados y lo valientes que son.

"Los soldados del Ejército de los Estados Unidos nos protegen a nosotros y a nuestra forma de vivir. Nos guardan a salvo de los malos que quieren decirnos lo que debemos hacer. Los soldados son valientes. Tienen que estar lejos de sus familias y a veces se ponen en peligro. Deberíamos estar muy orgullosos de nuestros soldados. ¡Son héroes de la vida real!"

La maestra dijo, "Muy buen trabajo, Jaime. Gracias. Estoy segura de que todos en la clase han disfrutado tu presentación."

Cuando Jaime se sentó, Hannah le dio "los cinco". Nunca lo había hecho antes.

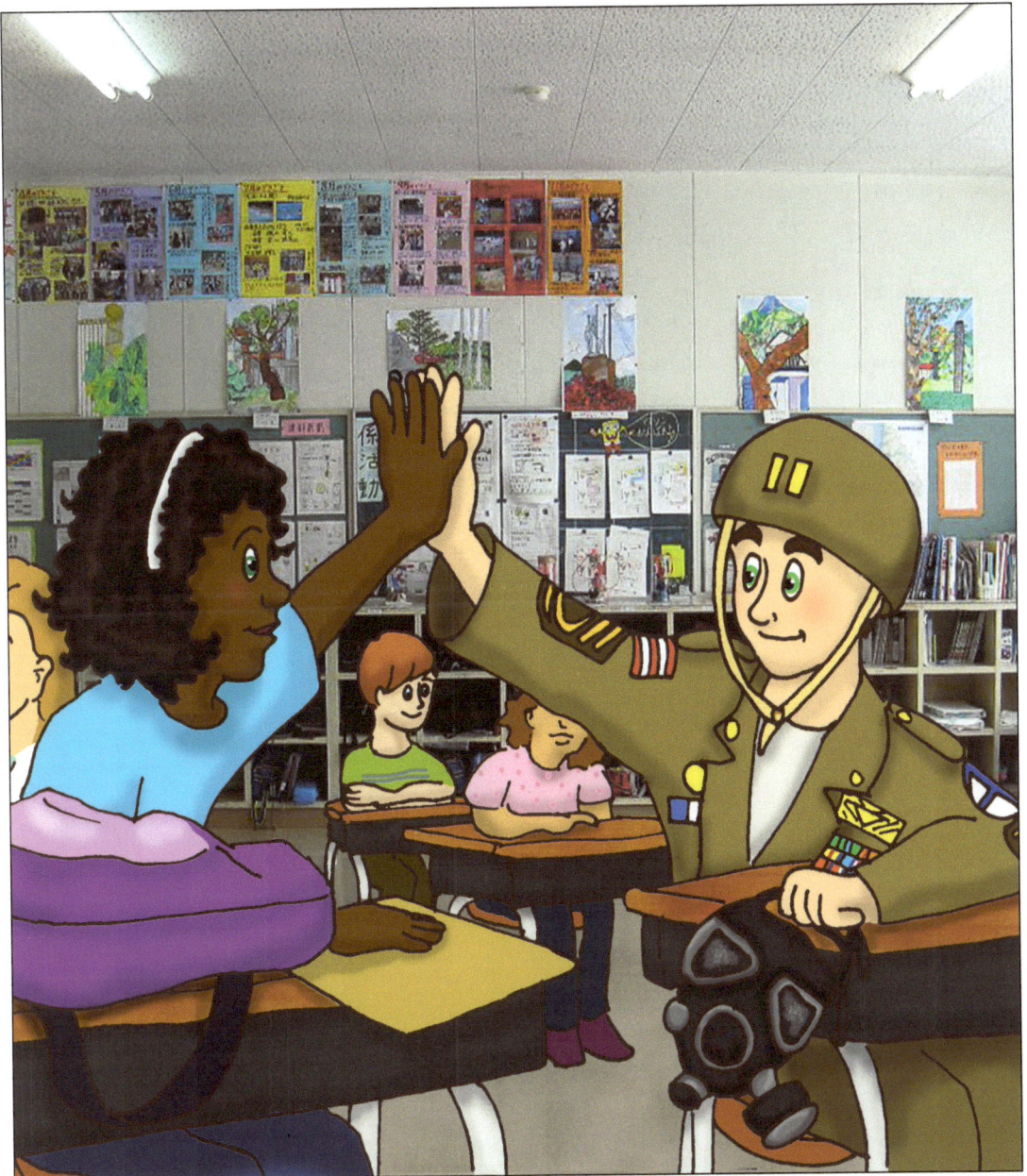

Al llegar su turno de dar su presentación, Hannah se puso a pie, sosteniendo su cartel y su mochila.

¿Qué tiene en la mochila? se preguntó Jaime.

Todos miraban mientras Hannah caminó al frente de la sala. Metió la mano en su mochila y sacó algo que se veía muy familiar.

¡Los binoculares militares!

Hannah colgó los binoculares de su cuello y sostuvo su cartel en alto. Sonrió a Jaime. El cartel tenía imágenes de tanques, helicópteros y parches del Ejército. En la parte inferior, en letras claras, escritas a mano, decía, "Go Army".

¡Es por eso que Hannah conoce la tienda de ejército! pensó Jaime.

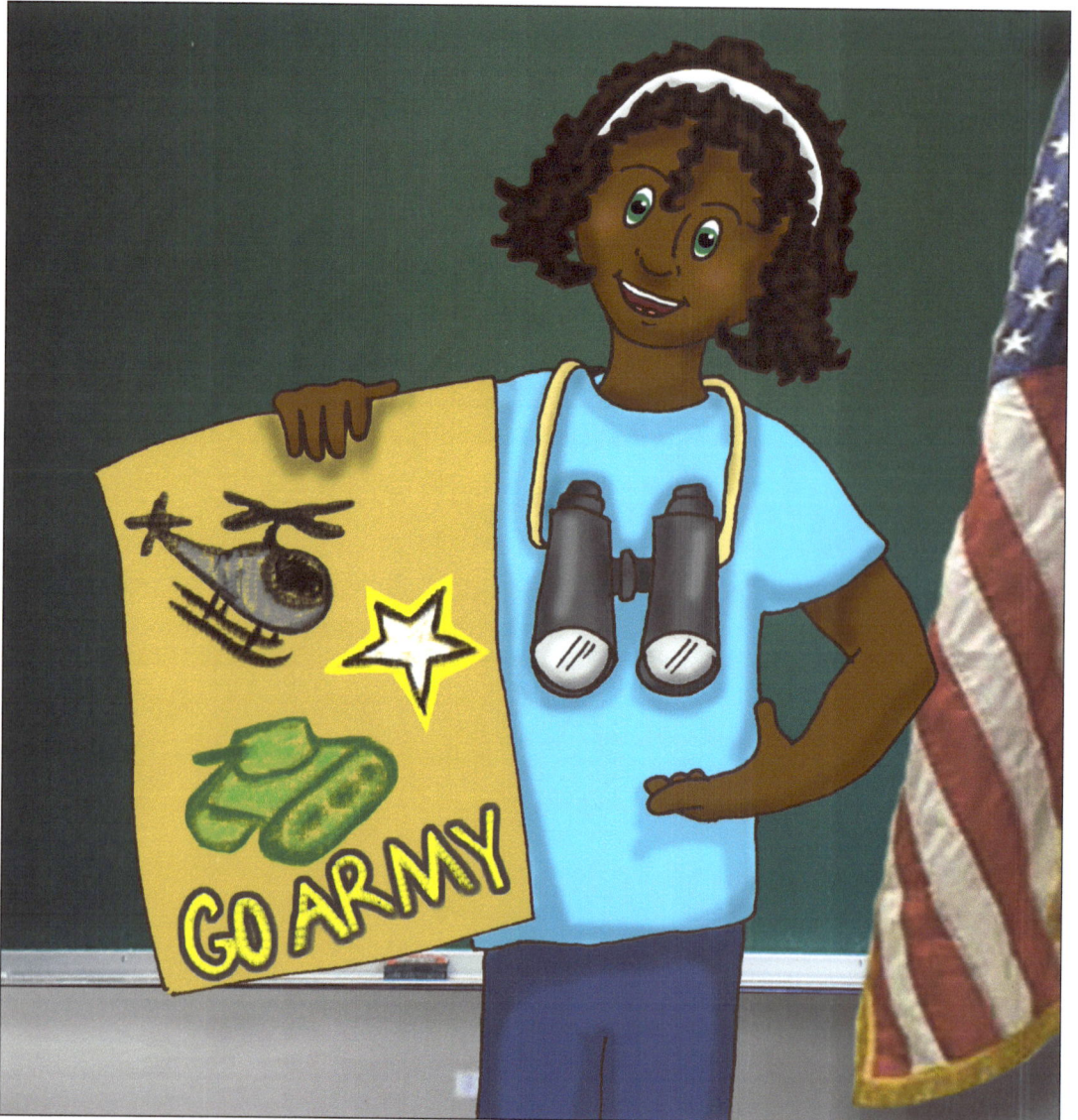

Jaime escuchaba mientras Hannah hablaba sobre el Ejército. Hannah habló del entrenamiento y del hecho de que tanto los hombres como las mujeres sirven en el Ejército. Comentó cómo los soldados ayudan a rescatar a las personas en problemas. Jaime pensó que su proyecto fue muy bueno y que su cartel fue genial.

Pero sobre todo pensó, *¡Me pregunto si me prestaría esos binoculares!*

Diccionario

Army - Ejército: Una gran fuerza militar entrenada para el combate en la tierra.

Artillery - Artillería: 1. Armas de gran calibre, tales como cañones, obuses y lanzadores de cohetes, que son operadas por equipos; 2. El nombre de la rama del Ejército que se especializa en el uso de tales armas.

BCT - Entrenamiento básico de combate: Las primeras ocho semanas de entrenamiento para los nuevos reclutas.

BDU - Uniforme de combate: El uniforme estándar para las situaciones de combate.

Cavalry - Caballería: Se refiere históricamente a los guerreros que luchaban montados a caballo. Hoy en día, la Caballería se refiere a cualquier componente del Ejército que es asignado a misiones de combate requiriendo de gran movilidad y que se desplaza en vehículos motorizados o por helicóptero.

Class A Uniform - Uniforme de Clase A: El uniforme de vestir del Ejército, el cual a veces se utiliza en los trabajos de oficina.

CO - Comandante: El oficial a cargo de la unidad o base militar.

Commissioned Officers - Oficiales: Los líderes del Ejército.

Fatigues - Ropa de combate: El viejo término para describir el uniforme de batalla y trabajo.

GI - Entregado por el gobierno: Un término usado en un principio para describir el equipo gubernamental y usado frecuentemente para referirse a los soldados mismos.

Infantry - Infantería: La rama del Ejército compuesta de unidades entrenadas para hacer guerra de a pie.

Marksmanship - Puntería: La habilidad para tirar a un objetivo.

MLRS (MULTIPLE LAUNCH ROCKET SYSTEM) - Sistema de lanzacohetes múltiples

MP (MILITARY POLICE) - Policía militar

NCO (NON-COMMISSIONED OFFICER) - Suboficial: Una persona alistada con responsabilidades de mando sobre los soldados de rango inferior.

PT (PHYSICAL TRAINING) - Entrenamiento físico: Usado en plural (PTs), el término se refiere al uniforme de entrenamiento físico.

PX (POST EXCHANGE) - Tienda militar: Una tienda multipropósito en una base del Ejército, la cual usualmente incluye una barbería y una tienda de conveniencia.

Rank - Rango: El título de un soldado con grado y responsabilidades particulares, tal como soldado raso, especialista, sargento, capitán, etc.

Recruit - Recluta: Un nuevo soldado en entrenamiento, especialmente el entrenamiento básico.

Tank - Tanque: Un vehículo de combate blindado y de oruga, utilizado en primera línea, generalmente armado con un cañón de alta potencia y una torreta con ametralladoras secundarias.

Cuando Crezca Quiero Ser...

¡soldado del Ejército de EE.UU.!

Cuando su maestra le asigna un "proyecto de carrera", Jaime decide que quiere ser soldado del Ejército de los Estados Unidos. Jaime y su padre visitan una tienda de ejército para encontrar artículos que pueda utilizar para presentar su proyecto. Mientras van explorando la tienda, cada artículo hace que la historia y el espíritu orgulloso del Ejército de EE.UU. cobren vida para Jaime y para los lectores. A través de los descubrimientos de Jaime, se presenta a los lectores tanto la historia del Ejército de EE.UU. como los deberes de los soldados y los equipos que estos utilizan.

Recomendaciones

"Esta es otra gran adición a la serie de libros *Cuando Crezca Quiero Ser...* Realmente disfruto leyendo estos libros, y mi hija también los disfruta. Debo decir que, después de que comenzó a leer esta serie, algo se encendió en ella para que echara un vistazo más amplio a las opciones en vez de conformarse con lo típico."
—Dona Young, Allergy Kid Mom's Book Reviews

"Lo que Wigu Publishing ha creado aquí son libros que durarán una vida entera, sirviendo a muchas generaciones de niños cuyo único deseo es encontrar su lugar y descubrir su pasión por una carrera que puedan disfrutar durante el resto de su vida." —Amy Lignor, Feathered Quill Book Reviews

Como educadora, quedé muy impresionada por este motivador, interesante e informativo libro de Wigu sobre las fuerzas armadas estadounidenses. Las familias y los maestros descubrirán que el contenido y las ilustraciones del libro son positivos y, a la vez, están bien expresados. ¡Buen trabajo!" —Helene J. Sherman, Ed.D., Professor, Associate Dean for Educator Preparation, University of Missouri-St. Louis

Wigu

Wigu Publishing | Sun Valley, ID
www.whenigrowupbooks.com

www.ingramcontent.com/pod-product-compliance
Lightning Source LLC
Chambersburg PA
CBHW060847270326
41934CB00002B/32